KB192629

획기적인 리듬 연구와 연습

Innovative Rhythm
Study and Practice

황성곤 저

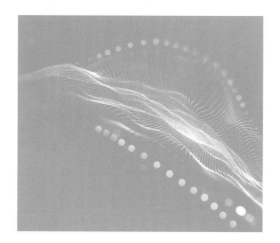

학지사

머리말

 미국 보스턴에서 유학하던 시절 리듬에 관한 책을 써야겠다고 마음먹은 지 아주 오랜 시간이 흘렀다. 그 무렵 내가 다니던 뉴잉글랜드음악원(New England Conservatory)의 교수였던 작곡가 마이클 간달피가 특히 클래식 연주자들의 리듬 훈련 필요성을 역설하였던 것이 기억난다. 나는 그때 재즈를 대학원에서 공부하고 있었는데, 클래식 음악 작곡가인 그는 특히 클래식 연주자들이 스윙리듬을 잘 구사하지 못함을 보고 안타까워했다. 왜 그럴까? 여러 가지 이유가 있겠지만 리듬은 훈련하지 않으면 발전하기 힘든 영역이기 때문인 것 같다. 예를 들어, 음감 같은 것은 타고난 재능으로 많은 부분 커버할 수 있는 것이 사실이다. 또 작곡 능력 같은 것은 아무리 훈련해도 성장하지 못할 수가 있으며 좋은 곡을 쓸 수 있다는 장담을 하기가 쉽지만은 않다.
 특히 클래식 음악을 전문으로 연주하는 사람들은 자신들이 연주하는 음악들에 깊이 집중되어 있기 때문에 아무래도 편견이 있을 수 있고, 예를 들어 스윙리듬과 같은 재즈리듬은 무척 생소하게 여기게 되고 결국 잘 표현해 내지 못하는 경우가 많다. 어쩌면 대중음악인들의 탈악보적인 경향과 음악을 눈보다는 귀로 먼저 접근하는 성향 때문에 상대적으로 리듬에 더 오픈되어 있고, 결과적으로 더 유연한 리듬감과 구사 능력을 보여 준다고 할 수 있을 것이다. 그러나 대다수의 대중음악 연주자는 대중음악의 대중적인 형식성으로 인해 클래식 연주자들보다 복잡하고 집중력을 요하는 리듬 기술에 약한 것 또한 사실이다. 그리고 아무래도 악보를 보는 능력도 상대적으로 떨어진다. 여하튼 결론적으로 클래식 연주자들이 좀 더 유연하게 보다 다양한 리듬을 구사할 수 있도록 도와줄 수 있다면 그것은 매우 의미 있는 일이라고 생각되었다. 이것이 이 책을 쓰게 된 첫 번째 이유라고 해도 과언이 아니다.

　1987년 본격적으로 음악을 공부하기 시작한 나는 그동안 적지 않은 세월 속에서 리듬에 대한 몇 가지 원리를 발견할 수 있었다. 이것은 주로 리듬의 악센트와 관련된 것이다. 대다수의 연주인이 간과하는 영역이기도 하다. 우리가 연주하는 대부분의 음악은 정량적인 맥박(metric pulsation)이 있는 것인데, 이것은 모두 리듬적 악센트를 가지고 있다. 따라서 이러한 리듬을 효과적으로 표현해 내기 위해서는 악센트의 달인이 되어 있을 필요가 있다. 이 부분이 사실 클래식 음악 연주자들과 대중음악 연주자들을 포함해 모두 깊이 인식하고 훈련해야 할 필요성이 있는 부분이다. 반대로 말하면, 탁월한 리듬 연주 기술을 가지기 위해서는 리듬이 내재적으로 가지고 있는 악센트의 속성을 깊이 이해할 필요가 있기 때문이다. 이러한 정량적인 리듬을 표현함에 있어서도 상대적으로 다소 부족한 그룹이 바로 클래식 음악 연주자들인 것도 사실이다. 이는 아마도 클래식 음악 연주자들이 베토벤을 필두로 한 고전음악과 낭만음악에 특화되어 있기 때문일 것이다.

왜냐하면 그 시기의 리듬은 리듬이 가지고 있는 악센트의 표출보다는 곡이 가지고 있는 부드럽고 연속적인 서정성에 더 관련되어 있기 때문이다. 그러나 그러한 연주자들이 20세기 프랑스 작곡가 라벨의 음악이나 특히 바르톡, 스트라빈스키의 작품을 만나면 많은 어려움을 겪게 되어 있다. 또한 사물놀이를 활용한 작품이라든지, 미국 작곡가 거쉬인의 〈랩소디 인 블루(Rhapsody in Blue)〉처럼 재즈나 대중음악과 클래식 음악이 접목된 작품을 연주하게 될 때 또 한 번 난관에 봉착하게 되며, 필립 글래스와 같은 작곡가들의 미니멀 음악이나, 밀톤 배빗의 작품과 같은 미국적 전음열주의 작품을 연주하게 되면 커다란 어려움을 겪게 되는 것이다. 물론 메시앙의 작품과 같은 매우 정교한 리듬감을 요하는 작품은 말할 나위도 없다. 앞서 열거한 작품들을 잘 연주하기 위해서는 리듬이 가지고 있는 악센트적인 요소와 리듬의 일반적인 속성을 작곡가만큼 이해하고 있어야 할 것이다. 이것이 이 책을 쓰게 된 두 번째 이유이다.

물론 존재하는 모든 리듬이 앞에서 말한 것처럼 정량적인(metric) 것은 아니다. 국악의 시조나 중세 유럽의 그레고리안 성가, 윤이상이나 쇤베르크의 음악과 같은 20세기 표현주의 음악 그리고 전자음악의 음향적인 리듬 등은 정량적 맥박하고는 다소 거리가 있다. 하지만 앞에서 열거한 정량적이고 고도의 악센트 감을 요하는 리듬들은 일정 기간의 리듬 훈련을 요하기 때문에 부디 이 책이 많은 연주자에게 길잡이가 될 수 있기를 간절히 바라는 마음이다.

이 책이 실용음악이나 대중음악 연주인 또는 전공자에게도 많은 도움을 줄 수 있을 것이라 생각한다. 책 안에서 사용되는 음악용어나 표기법의 50% 이상은 실용음악적인 방식을 취하였다. 또 사용된 예제들은 클래식 음악도 있지만 재즈나 대중음악에서도 차용했다. 물론 클래식 음악 전공자나 연주자, 작곡가에게도 도움이 될 것으로 믿는다. 앞서 이야기한 것처럼 클래식 음악 연주자들이 자신의 리듬 테크닉을 좀 더 확장하고 싶다면 이 책이 매우 유용할 것으로 본다.

2023년 1월

저자 황성곤

차례

1장 리듬이란 무엇인가

흔히 음악의 3요소를 멜로디, 화음, 리듬이라고 이야기한다. 그런데 사실 멜로디와 화음은 이미 리듬의 요소를 품고 있다. 먼저 '멜로디'라는 음악의 요소를 살펴보자. 다음은 찰리 파커 (Charlie Parker)의 〈Donna Lee〉라는 재즈곡의 멜로디 악보이다.

이 악보에서 살펴볼 수 있는 멜로디의 속성은 우선 음의 높낮이이다. **피치**(pitch)라고도 불리는 이 속성은 실제로는 공기의 진동이다. 맨 처음 나타난 피치는 G음인데, 피아노 건반을 활용하여 표시하면 아래와 같다.

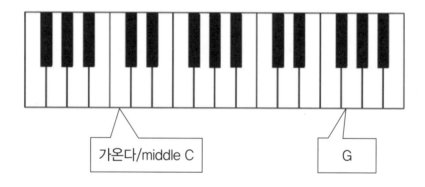

이렇듯 멜로디의 속성에는 특정한 진동수를 가진 피치가 존재한다. 그런데 이 피치들은 가만히 정지하고 있는 것이 아니라 시간을 따라 계속 움직인다. 이러한 음들의 움직임을 리듬(rhythm)이라고 할 수 있을 것이다. 그러면 이러한 리듬의 속성을 좀 더 자세히 관찰해 보자.

우선 이 곡의 전반적인 속도를 상정할 필요가 있다. 기존 악보에는 속도가 표기되어 있지 않기 때문에 이 음악의 속도를 BPM을 써서 설

정해 보자. BPM은 Beat Per Minute의 약자로서, 단위비트가 1분에 몇 번 나타나는가를 표기하는 것이다. 이 곡의 단위비트는 4분음표인 데 그 이유는 이 음악의 박자가 4/4박자이기 때문이다. 일단 이 곡의 BPM을 120이라고 하자. 그렇다면 1분에 120개의 4분음표가 연주될 수 있다는 뜻이 되고 1분은 60초이니 그 4분음표 하나의 길이는 0.5초가 된다. 만약 BPM이 60이라고 한다면 4분음표 하나의 시간은 1초가 될 것이고 곡의 속도는 2배로 느려지게 될 것이다. 이렇듯 BPM을 통하여 음악의 빠르기를 정할 수 있다. 그리고 이러한 음악의 빠르기도 넓은 의미에서는 리듬의 속성이라고 말할 수 있을 것이다.

이제 좀 더 자세히 이 악보를 들여다보도록 하자. 여기 2마디에 나타난 멜로디의 음형에서 피치와 조표를 제거하고 악보를 재구성해 보면 아래와 같다.

위 악보에서 살펴볼 수 있듯이 이 곡의 초반부 리듬은 매우 단순하다. 위에 표기되어 있는 대로 BPM을 60으로 하고 손바닥을 사용하여 리듬을 연주해 보기 바란다. 이제 좀 더 가까이 다가가서 이 음악에 사용된 리듬을 중복 없이 정리해서 표기해 보면 아래와 같이 단 두 가지의 리듬 형태를 관찰 할 수 있다.

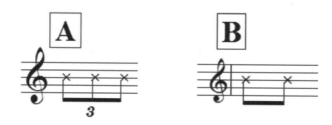

먼저 리듬 A를 관찰해 보면 리듬 A는 이 곡의 단위비트인 4분음표를 정확히 3등분한 리듬이라는 것을 알 수 있다.

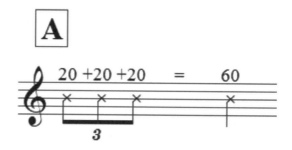

따라서 그 3등분된 하나의 소리의 길이를 20이라고 가정한다면 4분음표의 길이는 60이 된다고 할 수 있을 것이다. 이제 리듬 B를 살펴보자.

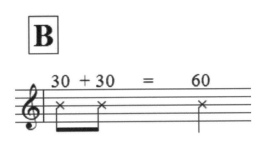

같은 맥락으로 단위비트인 4분음표를 역시 같은 길이인 60으로 하여 이 2등분된 리듬의 길이를 계산하면 30에 해당한다. 결론적으로 여기서 나타난 20, 30, 60의 숫자들을 **음길이**(duration)이라고 지칭할 수 있는데, 이는 매우 중요한 리듬의 한 속성이다. 이제 또 하나의 매우 중요한 리듬 속성을 살펴보자.

이것은 같은 찰리 파커의 〈Donna Lee〉의 앞부분인데 악보 아래 쪽에 있는 숫자들은 초 단위의 시간의 흐름을 표시한 것이다. 즉, 예를 들어 두 번째 마디의 첫 음인 Ab은 5초의 시점에서 나타난 소리에 해당한다. 이렇듯이 음악에 있어서 모든 소리는 각각 그 소리들이 나타나는 시작점이 있다. 이를 **시점**(time point)이라고 할 수 있다. 결국 리듬에 있어서 음길이와 시점이 가장 중요한 요소들이라고 할 수 있는 것이다. 이제 다른 악보를 음길이와 시점의 관점에서 분석해 보도록 하자.

위 곡은 20세기 프랑스 작곡가 모리스 라벨(Maurice Ravel, 1875~1937)
이 1928년에 작곡한 발레음악 〈볼레로(Bolero)〉의 메인 테마이다. 위
쪽에 적혀 있는 숫자는 4분음표를 40으로 보았을때 각 리듬들의 음길
이를 말하는 것이다. 아래쪽에 적혀 있는 것은 각 소리들이 등장하는
시점을 의미한다. 위 악보에서 나타나듯이 리듬이라는 것도 피치와 마
찬가지로 매우 기계적이고 수학적인 속성이 있다고 할 수 있을 것이
다. 음길이의 관점에서 보면 가장 작은 단위가 16분음표(10)에 해당하
는 것을 알 수 있다. 따라서 위 멜로디를 연주하기 위해서는 가장 작은
단위가 되는 16분음표를 정확히 인식하고 있어야 하는 것이다. 말하
자면 연주자는 연주 시 16분음표를 거의 항상 염두에 두고 있어야 하
며 어떤 리듬을 연주하더라도 하나의 기본 단위로 인식하고 있는 것이
필요하다. 간혹 어떤 연주를 할 때 이러한 가장 작은 리듬의 단위로 분
할하는 태도를 잊어버리는 연주자들이 있다. 물론 방법적으로 지나치
게 기계적인 느낌을 피하기 위해 그렇게 할 수도 있겠지만 기본적으로
는 더 이상 쪼갤수 없는 리듬의 단위를 인식하는 것은 리듬 연주자에
게 매우 중요한 태도라고 할 수 있다. 이것이 다음에 설명하는 리듬의
또 다른 속성인 **분할성**(divisibility)이다.

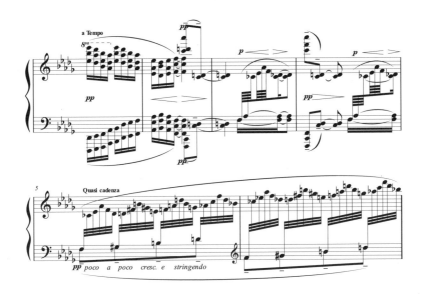

위 악보는 20세기 프랑스 작곡가 클로드 아실 드뷔시(Claude Achille Debussy, 1862~1918)가 1905년 작곡한 피아노 독주를 위한 〈물의 반영(Reflets dans l'eau)〉이라는 곡이다. 이 곡의 박자는 현재 2/4박자인데, 첫 2마디는 비교적 2/4박자의 평이한 리듬이 나타난다. 그러나 예를 들어 5, 6마디는 꽤 복잡해 보이는데 이 리듬들을 잘 이해하기 위해서는 앞서 말한 분할성의 관점에서 접근하는 것이 필요하다.

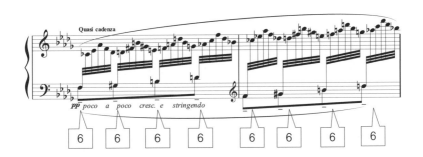

피아노 왼손에 해당하는 부분의 리듬을 보면 8분음표의 연속으로 단순한 리듬 형태를 보여 준다. 그러한 리듬을 기준으로 오른손을 관찰하면 왼손에 주어진 8분음표를 계속해서 6등분하고 있는 형태를 볼 수 있다. 따라서 이러한 분할성의 관점에서 리듬을 해석하는 것은 매우 유용하며 이것은 연주에 바로 적용할 수 있는 접근법이다. 이제 같은 곡의 그다음 부분을 더 관찰해 보자.

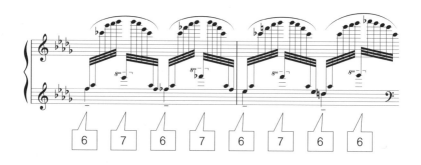

이 부분도 앞서 살펴본 부분과 마찬가지로 왼손에서 나타나는 4분음표의 연속을 관찰할 수 있다. 그리고 그 4분음표의 리듬을 오른손에서 6등분 혹은 7등분하여 리듬을 쏟아 내고 있는 것을 볼 수 있다. 이러한 리듬의 분할적인 속성은 거의 모든 리듬을 이해하고 표현하는 데 중요한 열쇠가 된다.

리듬 연습

이제 지금부터는 1장에서 나타난 이야기들 중 핵심적인 것들을 실제로 연습해 보는 기회를 가지도록 한다.

1.1.

우선 연습하기에 앞서 위에 나타난 악보를 아래와 같이 해석해 주길 바란다.

그러나 우리는 일반적인 5선 악보를 보다 많이 접하기 때문에 처음의 5선보를 통해 리듬을 연습하는 것이 더 효과적이라고 생각한다. 다시 원래의 악보로 돌아가자.

우선 위 악보를 박수를 치며 표현해 본다. 단, 여기서 4분음표의 BPM은 60이다. BPM 60은 4분음표가 1초인 것을 의미한다. 먼저 시계를 사용하여 1초의 시간 간격을 확인한 다음 최대한 정확하게 BPM 60의 속도로 위 악보를 연주해 보자. 박수가 아니라 드럼 스틱을 사용하여도 좋다. 드럼 스틱을 서로 부딪치게 하거나 여러 가지 방법을 써서 위 리듬을 표현해 본다.

1.2.

위 악보 A와 B를 주어진 BPM에 맞게 연주해 보자. 처음에는 메트로놈을 이용하여 연주해 보고 주어진 BPM에 익숙해지면 메트로놈 없이 A와 B를 번갈아 가며 연주해 본다. 이 훈련은 BPM에 직관적으로 적응하는 것을 목표로 한다.

1.3.

1.4.

1.5.

1.6.

1.7.

1.8.

1.3.~1.8.은 4/4박자의 일반적인 리듬 형태 속에서 점4분음표, 4분
음표, 점8분음표, 8분음표와 같은 다양한 **음길이**를 연습할 수 있도록
하는 것을 목표로 한다.

1.9. 다음 예제를 메트로놈의 비트와 함께 최대한 정확하고 기계
적으로 연주해 보도록 하자. 이는 리듬의 또 다른 중요 요소인 **시점**
(time point)에 대한 인식 능력을 향상시켜 줄 수 있을 것이다. BPM은
60~120의 범위 안에서 자유롭게 설정하도록 한다. 앞서 언급한 것처
럼 시점은 리듬이 가지고 있는 중요한 속성이다. 즉, 리듬이 가지고 있
는 수학적이고 기계적인 측면을 말한다. 그러나 궁극적인 음악적 리듬
은 음악이 가지고 있는 내재적인 흐름에 따라 빨라지기도 하고 느려지
기도 하는 매우 인간적이고 자연스러운 것이다. 그렇지만 그러한 음악

적 리듬은 기계적인 리듬의 훈련이 토대가 되어야 온전히 만들어질 수
가 있다. 건반의 키를 사용하여 연주해 봐도 좋다.

　　1.10. 아래 예제들은 리듬의 또 다른 기본 속성인 **분할성**(divisibility)
에 대한 연습이다. 여기서 기본 단위비트는 4분음표이다. 이 4분음표
가 여러 가지 형태로 분할되는 것을 관찰하고 그것을 연주하는 연습해
본다. 리듬을 연주하는 사람은 주어진 단위비트가 여러 가지 리듬으로
분할되는 것에 대한 개념을 이해하고 있는 것이 필요하다.

　　1.11.

1.12.

1.13.

1.14.

1.15.

1.16.

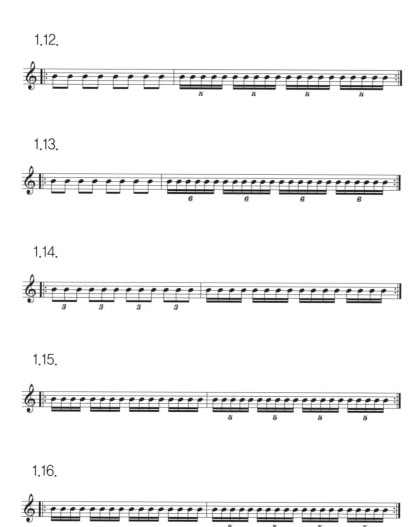

2장 리듬과 박자 1

▟▙▃ 이제는 리듬과 박자의 관계에 대해 살펴보자. 그러기 위해서 먼저 박자의 개념에 대해 정확히 짚어 보자. 박자는 time이라고도 하고 meter라고도 번역된다. 흔히 박자는 마디(measure)와 관련이 있다고 생각하고 한 마디 안에 몇 개의 단위비트가 들어 있는가를 중요하게 생각하는 것 같다. 그러나 박자는 실상 마디와는 본질적인 관련성은 없다.

예를 들어, 위와 같은 리듬이 있다고 하자. 여기에 박자가 있을까? 각자 손바닥을 사용하여 연주해 보도록 하자. 과연 이것은 몇 분의 몇 박자라 할 수 있을까? 다소 황당하고도 단순한 이 질문에 사실 많은 사

람이 정확히 답하지 못한다. 그것은 아직 우리가 박자가 정확히 무엇인지 모르기 때문이다. 답은 위 악보에는 박자가 없다이다.

이제 위 악보를 손바닥이나 여러 가지 타악기를 사용하여 연주해 보자. 어떤 느낌이 느껴지는가? 몇 분의 몇 박자처럼 들리는지 생각해 보자. 이 리듬을 자세히 관찰해 보면 3개씩 묶을 수 있는 형태로 악센트가 반복되고 있는 것을 알 수 있다. 악센트를 특정한 음에 부여한다는 것은 그 소리를 다른 소리에 비해 음량에 있어서 크게 연주한다는 뜻임을 잊지 말아야 한다. 결론적으로 3개씩 그룹이 형성되면서 만들어지는 이러한 악센트 유형을 우리는 **3박자**(triple meter)라고 부를 수 있다. 여기서 4분음표가 사용되었기 때문에 3/4박자라고 불러도 좋을 것이다. 결국 박자라는 것은 **악센트 유형**(accent pattern)을 말하는 것이 된다.

위와 같이 소리의 높낮이가 생겨도 마찬가지이다. 위 악보를 피아노를 사용하여 연주해 보자. 되도록 표시되어 있는 악센트를 정확히 표현해 보는 것도 잊지 말자. 어떤 리듬과 박자로 들리는가? 역시 3개씩 그룹 지어지는 형태로 악센트가 반복되기 때문에 이것 또한 3/4박자라고 말할 수 있다.

자, 이제 마디 줄도 그려졌고 박자 기호도 부여되었다. 보통 되풀이
되는 악센트의 형태에 따라 박자 기호를 부여한다. 만약 되풀이되는
악센트 패턴이 **2박자**(duple meter)였다면 2/4박자와 같은 박자 기호를
부착했을 것이다. 마디 줄 또한 반복되는 악센트 유형을 최대한 반영
하여 사용해야 한다. 결국 박자라는 것은 특정한 악센트의 유형을 말
하는 것이고 보통 리듬은 박자의 테두리 안에서 제한적으로 나타나는
경우가 많다. 또한 박자 역시 넓은 의미의 리듬이라고 말할 수 있을 것
이다. 그리고 짐작할 수 있듯이 여기서 나타난 악센트 유형도 리듬을
규정하는 매우 중요한 요소가 된다.

결론적으로 리듬을 이해하고 잘 표현할 수 있는 중요한 속성은 다음
과 같다.

- 음길이(duration)
- 시점(time point)
- 분할성(divisibility)
- 악센트 유형(accent pattern)

따라서 이 책은 앞으로 이 세 가지 관점을 주로 활용하여 리듬의 여러
가지 양태를 살펴보고 또 그에 따라 잘 훈현할 수 있도록 돕고자 한다.

리듬 연습

다음은 3박자와 2박자와 관련된 기본적인 악센트 패턴에 대하여 연습해 보는 예제들이다. 3박자와 2박자의 악센트 유형을 인식하는 것은 보다 유능한 리듬 연주자가 되기 위한 지름길 중의 하나이다.

2.1.

아래 예제는 우선 두사람이 함께 연습할 수 있다. ①과 ②를 한 사람씩 혹은 한 그룹씩 나누어 연주해 본다. 만약 혼자서 연습해야 한다면 ②를 발을 사용하여 바닥을 구르며, ①은 손바닥이나 스틱을 사용하여 연주할 수 있다. 혹은 만약 2개의 드럼이 있다면 ①을 높은 음의 드럼으로, ②는 상대적으로 낮은 음의 드럼을 사용하여 연주할 수 있다. 같은 요령으로 서로 다른 높낮이의 소리가 나는 사물을 이용하여 손이나 드럼 스틱을 사용하여 연주할 수도 있다. 또 같은 요령으로 ①는 상대적으로 높은 음역대의 건반을, ②는 상대적으로 낮은 음역대의 건반을 동시에 연주해 보자. 어떤 음/피치로 연주하는가는 중요하지 않다. 그러나 가급적 같은 소리를 사용하여 타악기적인 효과를 내어 보는 것이 좋다. 그렇지만 원한다면 소리를 바꿔 가며 연주해도 좋다. 그리고 BPM 90이 주어져 있지만 효과적인 연습을 위하여 더 빠르게 혹은 더 느리게 연주하여도 좋다. 주어진 BPM은 각 예제마다 가장 효과적인 빠르기를 제안한 것이다.

2.2.

아래 예제는 2.1.과 달리 악센트가 분명히 명시되어 있다. 즉, 2.1.은 아무런 악센트가 없이 균등한 소리로 연주해야 하고 2.2.는 표시되어 있는 부분에 반드시 악센트를 부여해야 한다. 악센트를 부여한다는 것은 상대적으로 더 크게 연주한다는 것이다. 익숙해질 때까지 반복하며 연습을 해 본다.

2.3.

2.4.

2.5.

2.6.

2.7.

2.8.

2.9.

2.10.

2.11.

2.12.

3장 리듬과 박자 2

 자, 이제는 여러 가지 박자의 종류와 그 박자들 안에서 나타나는 리듬의 형태들을 살펴보자.

3.1. 단순박자(Simple Meter)

박자의 종류 중 **단순박자**에 해당하는 것은 2/4, 3/4, 4/4 박자 같은 것 들이 있다. 이들의 악센트 유형을 살펴보면 아래와 같다.

3.1.1. 2박자(Duple Meter)

여기서 ➤ 표시는 악센트를 의미하며, ━ 표시는 상대적으로 약한 비트를 의미한다. 따라서 악센트가 있는(accented) 첫 박을 소위 강박 (down beat)이라고 하며 두번째 비트를 업 비트(up beat)라고 한다. 다시 말하지만 악센트가 있다는 것은 다른 비트에 비해 소리가 크다는 것을 의미한다. 그러한 대조가 자연스럽게 혹은 의도적으로 잘 나타나야 2/4박자의 의미가 있는 것이다. 이러한 악센트 유형을 **2박자**(duple meter)라고 하는데 2/4박자뿐 아니라 2/2 그리고 8/2, 16/2와 같은 박자도 마찬가지 원리이다. 상대적인 표기와 속도만 다를 뿐 이들은 모두 2박자로 해석되는 것이다. 다음은 대표적인 2박자의 음악인 랙타임(rag-time) 음악의 악보를 살펴보자.

MAPLE LEAF RAG.

BY SCOTT JOPLIN.

위 악보는 가장 유명한 랙타임 중 하나인 스콧 조플린(Scott Joplin)이 작곡한 〈Maple Leaf Rag〉이라는 곡이다. 이 곡의 연주를 인터넷에서 꼭 찾아 들어 보기 바란다. 특히 왼손의 반주를 유심히 들어 보면 2/4박자가 가지고 있는 악센트 표현이 유감없이 나타나고 있음을

볼 수 있을 것이다. 따라서 랙타임 연주자는 왼손의 음형을 연주할 때 2박자가 가지고 있는 악센트를 효과적으로 표현해야만 한다. 그런데 오른손의 음형은 좀 예외적이다. 오른손 부분은 왼손의 악센트 패턴 과는 다르게 사실 오히려 그것을 깨뜨리는 쪽으로 엇나가고 있음을 알 필요가 있다. 이것은 앞으로 다루게 되는 당김음(syncopation), 혹은 악센트 바꾸기(accent shifting), 혹은 다중박자(poly-meter)와 연관이 있다. 그 부분에서 다시 한번 자세히 다루도록 하자.

　위 악보는 쇼팽(Fryderyk Franciszek Chopin)의 야상곡 5번인데 박자 는 2/4박자로 되어 있지만 8/4박자로 해석될 수도 있다. 따라서 2/4로 표기되어 있다고 해서 모두 2박자의 악센트 유형이 두드러지는 것은 아니다. 특히 낭만주의(romanticism)의 서정적인 클래식 음악들은 두 드러진 악센트보다는 유려한 흐름을 더 중요시하면서 연주를 해야 할 필요성도 있기 때문이다. 일반적으로 서정적인 음악일수록 악센트의 중요성은 약화된다고 봐야 한다. 다음은 **4박자**(quadruple meter)의 악 센트 유형이다.

3.1.1.1. 지금부터는 **타악기**(손바닥을 포함하여 각종 타악기와 드럼 그리고 드럼셋 등등), **선율악기**(각종 목관악기, 금관악기, 현악기, 마림바 혹은 비브라폰 등등), **건반악기**(피아노, 키보드, 마림바 혹은 비브라폰 등등), **보컬** 등으로 나누어 연습을 하도록 한다. 타악기 파트는 타악기 연주는 물론 모든 연주자가 연습해야 하는 영역이다. 그 외 선율악기와 건반악기, 그리고 보컬은 자신의 전공 분야를 적용하여 연습하면 된다. 이러한 연습 방법은 보다 실제적인 리듬 훈련을 가능하게 할 것이라고 본다. 앞으로 나타날 예제들은 앞서 열거한 4개의 범주를 염두에 두고 마련된 것이지만 각 범주 안의 개별 악기들을 모두 각각 염두에 두기는 불가능하다. 따라서 개별 악기의 음역이나 연주법과 같은 부분은 훈련자 스스로 어느 정도 조정하여야 한다. 타악기를 제외한 모든 예제들의 음자리표는 높은음자리표와 낮은음자리표로 통일했다. 그리고 지금부터는 필요한 경우를 제외하고 악센트 표기를 하지 않는다. 따라서 각 박자(meter)가 가지고 있는 악센트 유형을 표현하면 된다.

3.1.1.2.

3.1.1.3.

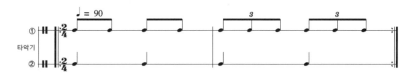

3.1.1.4.

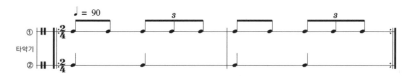

3.1.1.5.

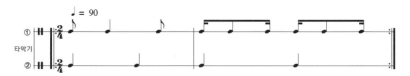

3.1.1.6.

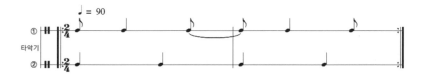

3.1.1.7.

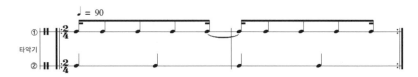

3.1.1.8.

3.1.1.9. 지금부터는 각종 선율악기를 위한 연습 예제이다. 다이내믹과 아티큘레이션은 연주자 본인이 자유롭게 선택할 수 있는데, 이는 리듬 훈련에 집중하고자 하는 이유이다. 언급한 대로 BPM은 학습 효과에 따라 자유롭게 변경할 수 있다.

①은 플룻이나 첼로, 트럼펫, 기타와 같은 개별 악기의 리듬 훈련을 위한 예제 멜로디이며, ②는 ①이 좀 더 정확하고 리드믹하게 하기 위한 비트이다. 가능하다면 연주하면서 발로 구르며 이 비트를 연주해도 좋고, 메트로놈을 쓰거나 다른 사람의 타악기나 손바닥에 맞추어 연주를 해도 좋다. 물론 ②의 도움 없이 ①만 연주할 수도 있다. 상기한 것처럼 음자리표와 음역은 자신의 악기에 맞게 자유로이 조정할 수 있다.

3.1.1.10.

3.1.1.11.

3.1.1.12.

3.1.1.13. 지금부터는 피아노와 같은 건반악기를 위한 연습이다. 음역과 음자리표는 피아노를 기준으로 작성되었다.

3.1.1.14.

3.1.1.15.

3.1.1.16.

3.1.1.17. 지금부터는 보컬 연주자들이 연습할 수 있는 예제들을 제시한다. 지금까지 나타난 예제들을 중심으로 보컬이 연주 가능한 형태로 만든 것들이다.

3.1.1.18.

3.1.1.19.

3.1.1.20.

3.1.2. 4박자(Quadruple Meter)

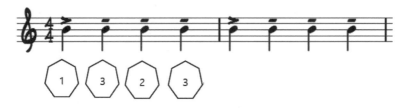

4/4박자(quadruple meter)는 위와 같은 악센트 유형을 가지고 있는데 어떻게 보면 2/4가 두 개 결합되어 있는 형태처럼 보일 수도 있다. 만약 그렇다면 4/4박자도 혼합박자에 포함시켜야 할 수 있지만 보통 단순박자로 취급한다. 이것은 혼합박자를 설명할 때 좀 더 다뤄 보도록 하자. 그리고 악보 아래에 있는 숫자는 각 비트의 강도를 의미한다. 즉, 첫박이 가장 강하고 다음으로 3박, 그리고 2박과 4박은 가장 약한 강도를 가진다. 이러한 악센트 유형을 가진 음악은 우리가 듣는 음악의 대부분을 차지하는데 악보를 통해 몇 가지 예를 살펴보자.

위는 비틀즈(Beatles)의 〈Hey Jude〉라는 곡이다. 이 곡에 숨어 있는 악센트를 보면 위와 같이 화살표가 부착되어 있는 소리들에 보다 강한 악센트가 나타나는 것을 알 수 있다. 여기서 검은색은 화살표가 상대적으로 강한 악센트에 해당한다. 물론 4/4박자가 가지고 있는 악센트 유형이 멜로디 자체에서는 직접으로 잘 드러나지 않을 수도 있지만, 예를 들어 이러한 팝이나 록음악의 리듬악기들을 관찰해 보면 4/4가 가진 기본적인 악센트 유형이 직접적으로 표출되고 있는 것을 쉽게 알 수 있다. 다음은 그와 같은 리듬악기인 드럼의 〈Hey Jude〉를 위한 악보이다.

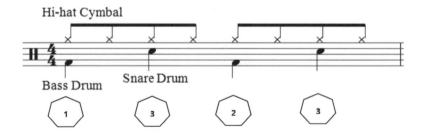

위 악보는 〈Hey Jude〉를 위한 드럼 파트이기도 하고 흔히 8비트라고 불리는 드럼셋의 가장 기본적인 리듬 형태이기도 하다. 앞서 살펴본 것

처럼 4/4박자의 악센트 유형이 적나라하게 드럼셋이라는 악기를 통해 청중에게 전달된다. 그러나 때로는 비트2와 비트4가 비트1과 비트4보다 더 강하게 연주되기도 하는데 이런 것을 우리는 당김음(syncopation)이라고 한다. 특히 대중음악에서 이러한 악센트의 이동이 빈번한데 이러한 악센트의 이동이 대중음악을 규정하는 하나의 커다란 속성이 되기도 한다. 이 부분은 이후 악센트 바꾸기(accent shifting)를 다룰 때 자세히 거론하기로 하자.

위에서 나타난 대중음악의 리듬들은 주로 리듬 섹션(rhythm section)이라 불리는 리듬악기들에 의해 적나라하게 나타난다. 여기서 리듬악기들이라고 하면 대표적인 것이 드럼셋이고, 베이스 기타와 건반 그리고 기타까지 포함한다. 이러한 대중음악의 리듬 섹션을 잘 모르는 사람들을 위해서 주로 리듬을 표현하는 악기에 대해서는 4장에서 다뤄보기로 한다. 아래는 베토벤(Ludwig van Beethoven)이 작곡한 〈발트쉬타인(Waldstein)〉이라는 닉네임의 피아노 소나타 21번의 1악장 첫 부분이다.

4/4박자가 가지고 있는 내재적인 악센트 유형의 관점에서 위와 같은 클래식 작품을 연주한다면 4개의 비트 모두에 악센트를 부여하기보다는 위와 같이 화살표가 있는 부분을 중심으로 부드럽게 악센트를 부여하는 것이 좋을 것이다. 왜냐하면 앞서 말한 것처럼 낭만주의를 표방하는 클래식 작품에서는 악센트와 두드러지는 리듬감보다는 연속적인 서정성이 더 중요하기 때문이다. 그러나 어떤 음악을 연주하건 간에 4/4박자가 가지고 있는 기본 속성을 이해하는 것은 필수적이라고 할 수 있을 것이다.

리듬 연습

3.1.2.1. 지금부터는 4/4박자에서 나타날 수 있는 다양한 리듬을 연습해 보도록 한다. 연습 방식과 요령은 앞서 2/4박자에서 했던 것과 동일한 방식이다. 그러나 여기에서는 4/4박자에서 주로 많이 나타날 수 있는 리듬 유형들 중에서 2/4박자에서 이미 다루었던 것들은 가급적 피하도록 한다.

3.1.2.2.

3.1.2.3.

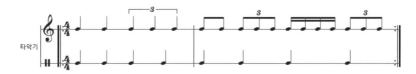

3.1.2.4.

3.1.2.5. 다음은 선율악기를 위한 리듬 연습이다.

3.1.2.6.

3.1.2.7.

3.1.2.8. 다음은 건반악기를 위한 리듬 연습이다.

3.1.2.9.

3.1.2.10.

3.1.2.11. 다음은 보컬을 위한 리듬 연습이다. 피아노 반주에 맞추어 주어진 리듬을 집중적으로 연습해 보자. 도돌이표는 충분한 연습을 위해서 여러 번 반복할 수 있다. 노래를 부르기 위한 발음은 자유롭게 설정하여 연습하도록 하자.

3.1.2.12.

3.1.2.13.

3.1.3. 3박자(Triple Meter)

또 다른 단순박자의 예는 바로 3/4박자(triple meter)이다. 이 책의 2장에서 이미 살펴보았는데, 다음과 같은 악센트 유형을 가지고 있다.

이와 같은 악센트 유형을 되풀이하는 음악은 아무래도 왈츠가 가장 유명하며 독보적이다.

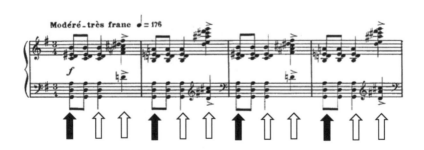

위는 작곡가 모리스 라벨(Maurice Ravel)이 1911년경에 작곡한 〈우
아하고 감상적인 왈츠〉의 첫 부분이다. 검은 화살표는 강한 악센트를
나타내며 흰색은 상대적으로 약한 다이내믹을 말하는 것이다. 위의 곡
은 앞서 살펴본 낭만주의를 표방하는 서정적인 음악이 아니고 20세기
에 작곡된 현대적인 미학을 추구하는 음악이기 때문에 3/4박자 혹은
왈츠가 가지고 있는 악센트 유형을 적극적으로 표현하는 것도 바람직
하다. 더구나 이 곡은 프랑스의 대표적인 춤곡의 리듬을 현대적으로
표현하는 음악이기 때문에 춤곡이 가지고 있는 리듬적이고 활력 있는
악센트 감이 적극적으로 나타나야 할 것이다. 따라서 이 곡을 연주함
에 있어서 3/4박자가 가지고 있는 기본적인 악센트 유형을 잘 인식하
고 표현하는 것은 필수적이라고 할 수 있다.

위 악보는 1961년 투츠 틸레만스(Toots Thielemans)가 작곡한
〈Bluesette〉라는 재즈 곡이다. 이 곡과 같은 3박자의 음악이 재즈를
포함하는 대중음악에는 흔하지 않다. 하지만 3박자의 악센트 유형은
여전히 이런 음악에서도 유효하다. 그런데 이 곡은 일종의 왈츠이기도
하지만 스윙리듬을 토대로 한 곡이기도 하다. 따라서 이 곡에 리듬을

제공하는 드럼셋의 악보를 만들어 보면 아래와 같다.

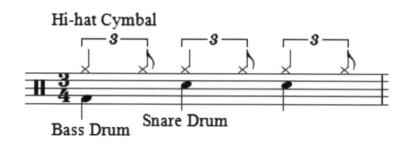

   위 리듬 악보는 실제 드럼셋의 연주를 단순화시켜서 만들어 본 것인
데, 실제는 이러한 표기된 리듬을 토대로 보다 변화 무쌍하다. 결론적
으로 스윙리듬의 영향으로 3/4박자의 기본 악센트 유형 위에 또 다른
리듬 유형이 얹혀 있다. 즉, 하이햇 심벌은 3/4박자 리듬 위에서 스윙
리듬을 표현하고 있다. 스윙리듬은 기본적으로 3박자 리듬 유형을 가
지고 있는데, 따라서 이 곡의 리듬은 일종의 혼합박자가 되는 셈이다.

리듬 연습

3.1.3.1.

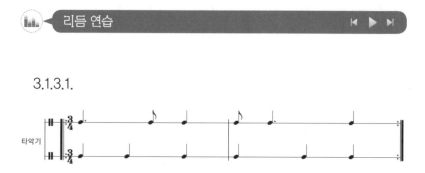

3.1.3.2.

3.1.3.3.

3.1.3.4.

3.1.3.5.

3.1.3.6.

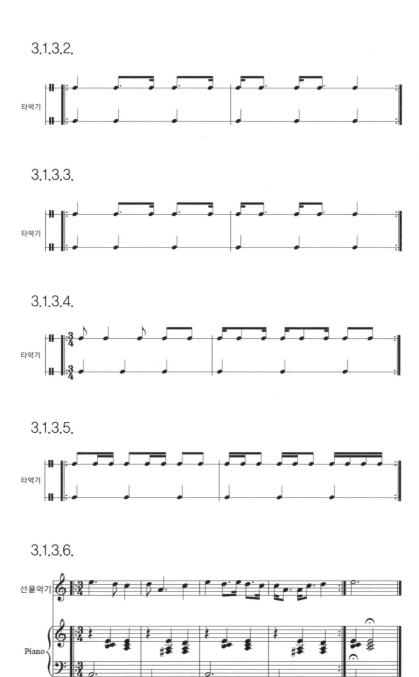

3.1.3.7.

3.1.3.8.

3.1.3.9.

3.1.3.10.

3.1.3.11.

📣 3.2. 혼합박자(Compound Meter)

　혼합박자 중 가장 빈번히 나타나는 것이 바로 6/8박자이다. 이러한 리듬이 혼합박자라고 불리는 이유는 서로 다른 악센트 구조가 2중으로 혼합되어 나타나기 때문이다 위 악보를 자세히 보면, ➤ ━ 표시들은 6/8이 가지고 있는 기본적인 1차적인 악센트 유형을 보여 준다. 그뿐 아니라 아래쪽에 있는 사각형들은 6/8박자가 가지고 있는 또 다른 악센트 유형을 보여 준다. 즉, 결과적으로 2개의 악센트 유형이 혼합되어 있는 것이다. 처음에 나타난 기본적인 악센트 유형은 기본적으로 3박자 악센트 유형을 가지고 있다. 그런데 네모 기호가 표현하는 것은 2박자에 해당한다. 결국 3박자와 2박자가 함께 공존하고 있는 리듬 형태를 보여 준다. 이를 다음과 같이 표현하면 좀 더 이해하기 쉬워진다.

즉, 6/8박자는 3연음을 사용하는 2/4박자와 같은 형태가 되는 것이다. 이렇듯 서로 다른 악센트 유형이 서로 혼합되어 있는 박자를 **혼합박자**(compound meter)라고 한다. 다음은 6/8박자가 사용된 예시이다.

위는 쿨 재즈(cool jazz)를 창시한 전설적인 재즈 연주가이자 작곡가 마일즈 데이비스(Miles Davis)가 1959년 발표한 곡 〈All Blues〉의 악보이다. 이 곡 역시 스윙리듬을 포함하고 있기 때문에 좀 더 양상이 복잡하지만 일단 여기서는 스윙리듬은 없는 것으로 간주한다. 형식적으로는 12마디 블루스의 형태를 가지고 있는데 블루스 치고는 단순하고 정적인 화음 진행으로 마일즈 데이비스 특유의 모달 재즈(modal jazz)의 느낌을 만들어 내고 있다.

이 악보는 독일 작곡가 바흐(Johann Sebastian Bach)가 1720년에 작곡한 15개의 인벤션(invention) 중 한 곡이다. 박자는 9/8박자인데 6/8박자와 유사한 혼합박자의 양상을 보여 준다. 즉, 3박자와 3박자가 함께 혼합되어 있는 형태이다. 이를 다음과 같이 간단히 표시해 보자.

9/8박자의 악센트 유형은 마치 큰 3박자에 작은 3박자가 함께 공존

하고 있는 형태를 보여 준다. 이러한 2중적인 악센트 유형을 가지는
박자를 혼합박자라고 부른다.

3.2.1. 혼합박자 리듬 연습

3.2.2.

3.2.3.

3.2.4.

3.2.5.

3.2.6.

3.2.7.

3.2.8.

3.2.9.

3.2.10.

3.2.11.

3.2.12.

3.2.13.

3.2.14.

Poor lit-tle sad lit-tle blue blue Blue-sette Some luc-ky day love-ly love will come your way

3.2.15.

📑 3.3. 복합박자(Odd Meter)

복합박자는 서로 다른 악센트 유형을 가진 박자가 시간을 따라 서로 붙어 있는 것을 말한다.

위 악보는 5/8박자인데, 3/8박자와 2/8박자를 서로 붙여 놓은 형태이다. 즉, 3박자와 2박자를 연결시켜 5/8박자를 형성했다. 이러한 **복합박자**는 서로 다른 악센트 유형을 연결시켰기 때문에 말 그대로 이상한(odd)한 느낌이 나며 해소되지 않는 긴장감을 만들어 내는 특징이 있다. 먼저 손바닥을 이용하여 위 악보를 연주해 보자. 정해진 속도는 없는데 BPM=100-120 정도로 해 보기 바란다. 여기서 주의해야 할 것은 이 복합리듬에서 기준이 되는 단위비트인 8분 음표의 음길이를 일정하게 유지해야 한다는 것이다. 절대 빨라지거나 느려져서는 안 된다. 그러나 이것이 생각보다 쉽지 않다. 그 이유를 다음 그림을 통해 알아보자.

위 악보는 5/8박자를 3/8박자와 2/8박자로 분해해서 표기해 본 것이다. 사실 이러한 현상은 변박자(meter shift)라고 하는데 어떤 면에서는 되풀이되는 변박자가 복합박자라고도 할 수 있을 것이다. 여기서 첫 마디인 3/8박자를 계속 연주해 보자. 손바닥도 좋고 건반이나 아니면 스틱을 이용하여 드럼을 연주해 보아도 좋다. 3/8박자를 계속 연주하면 여기서의 단위비트인 8분음표의 음길이(duration)를 일정하게 유지하는 것은 그렇게 어렵지 않다. 그러나 첫 3/8박자만 10번 정도 연주하다가 두 번째 마디인 2/8박자로 넘어가 보라. 갑자기 리듬이 빨라지는 것을 느낄 수 있을 것이다. 이는 악센트의 유형이 바뀌면서 음길이에 일정함을 유지하는 것이 힘들어졌기 때문이다. 또한 음길이가 달라지면 앞서 언급한 리듬의 중요 요소인 시점(time point)도 흐트러진다. 결론적으로 이런 복합박자나 변박자 혹은 악센트의 유형이 갑자기 바뀔 때 음길이와 시점을 일정하게 유지하면서 연주하는 것이 매우 중요하다. 이것은 4장에서 리듬과 악센트를 다룰 때 다시 언급하도록 한다.

위는 1959년에 발표된 폴 데스몬드(Paul Desmond)가 작곡한 재즈곡 〈Take Five〉이다. 쿨재즈의 대표곡으로 알려져 있는 이 곡은 5/4의 복합박자로 되어 있다. 이것을 좀 더 세밀하게 분해해 보자.

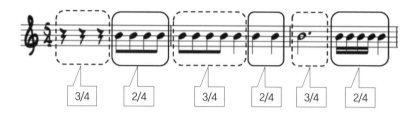

　위는 〈Take Five〉의 악보에서 피치의 요소는 제거하고 리듬 형태를 좀 더 명확하게 나타내기 위해 재구성한 악보이다. 여기서 점선으로 되어 있는 네모는 3/4박자에 해당하며, 실선으로 되어 있는 네모는 2/4박자에 해당한다. 따라서 악보에서 점선의 네모의 총 음길이를 계산해 보면 4분음표가 3개 모여 있는 길이가 되는데, 이는 점2분음표이다. 실선의 네모가 차지하는 총 음길이 혹은 시간의 길이는 4분음표 2개가 되는데, 이는 2분음표이다. 결론적으로 5/4박자는 3/4+2/4=5/4로 설명될 수 있는 것이다. 연주자의 관점에서 이 곡을 설명하면, 점선 안에 있는 부분은 3/4박자처럼 연주하고 실선 안에 있는 부분은 2/4박자로 연주할 필요가 있다. 다른말로 하면, 점선 안의 부분은 3/4의 악센트 유형을 표현할 필요가 있고, 실선 안의 부분은 2/4의 악센트 유형을 표현할 필요가 있는 것이다. 이것은 앞서 말한 것처럼 복합박자는 본질적으로 지속적인 변박자 혹은 악센트 유형을 교대로 바꾸는 것과 같은 것이다. 따라서 연주자는 복합박자의 본질을 잘 이해하고 이를 효과적으로 표현하는 것이 필수적이라고 할 수 있다.

위 악보는 유명한 영화 〈미션 임파서블(Mission Impossible)〉의 메인 테마이다. 흥미롭게도 이 음악 역시 5/4박자인 복합박자로 되어 있다. 자, 이 음악을 좀 더 자세히 들여다보도록 하자.

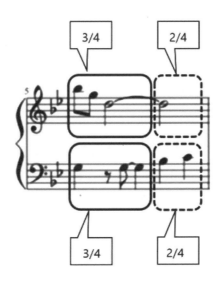

위 처음 악보의 한 부분을 떼어 내어 자세히 분석해 보면 다음과 같다. 실선의 네모는 3/4박자에 해당하며 점선의 네모는 2/4박자에 해당

한다. 그리고 오른손 부분에 해당하는 실선 네모는 여러 가지로 해석될 수 있지만 아무래도 왼손의 영향을 받아서 같은 3/4박자라고 보는 것이 좋을 것이다. 그런데 실선 네모 안의 왼손 멜로디를 보면 3/4박자에서 흔히 볼 수 있는 멜로디 형태가 아닌 것을 알 수 있다. 그러나 위의 악보를 아래와 같이 재해석해 볼 수 있다.

재해석된 악보를 보면 매우 자연스럽다는 것을 알 수 있다. 결국 한 부분에 3/4, 6/8, 2/4박자가 같이 나타난다는 것이 매우 흥미롭다. 위 악보 첫 마디에서 3/4박자와 6/8박자가 동시에 같이 나타났기 때문에 이것은 이후 3.5. 파트에서 설명하게 될 다중박자(poly-meter)에 해당한다. 또 이후에 설명하게 되겠지만 3/4박자와 6/8박자는 서로 악센트의 이동이 매우 용이하다는 것도 인식할 필요가 있다. 결론적으로 이 음악에서는 5/4=3/4+2/4로 해석될 수 있는 복합박자와 5/4=6/8+2/4로 해석될 수 있는 복합박자가 사용되었다고 할 수 있다.

클래식 음악에 있어서도 이러한 복합박자가 사용되었는데 낭만음악 시기(romantic music period)에 와서야 나타나기 시작한다.

위 악보는 러시아 작곡가 차이콥스키(Pyotr Ilich Tchaikovsky)가
1893년에 작곡한 교향곡 6번 2악장의 메인 테마이다. 보다시피 여기
에 사용된 박자는 5/4박자인 복합박자이다. 매우 흥미롭고 우아한 이
음악을 꼭 감상해 보기 바란다. 부드럽게 흘러가는 멜로디는 우아하지
만 어딘지 모르게 이상한(odd) 느낌이다. 그러한 멋지지만 어딘가 이
상한 느낌을 주는 것이 이런 복합박자 혹은 리듬의 매력이며 특징이라
고 할 수 있다. 이 멜로디가 가지고 있는 복합박자의 구조를 좀 더 자
세히 분석해 보도록 하자.

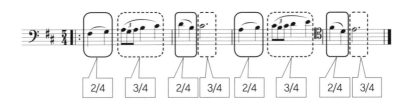

위에 표기된 것처럼 실선으로 된 네모는 2/4박자, 점선으로 된 네
모는 3/4박자로 되어 있다. 따라서 연주자는 2/4박자의 악센트 유형
과 이어서 나타나는 3/4박자의 악센트 유형을 잘 인식하면서 연주하
는 것이 필요하다. 물론 이 곡은 서정적인 느낌의 클래식 음악이기 때
문에 악센트를 지나치게 강조할 필요는 없지만 2/4와 3/4박자의 악센
트로 분해되는 이 곡의 기본 속성을 이해하지 못하고 연주하면 연주가
자칫 혼란에 빠질 수도 있다.

위의 곡은 작곡가 바르톡(Béla Bartók)이 1930경에 작곡한 〈Mikrokosmos〉라는 피아노 곡 중 148번 곡이다. 자신의 아들의 피아노 연습을 위해 작곡한 이 곡은 다양한 음악적 실험으로 가득차 있다. 작곡자 자신이 표기한 것처럼 이 곡은 4/8과 2/8 그리고 3/8이 결합된 형태의 박자를 보여 준다. 4/8+2/8+3/8의 합은 9/8로서 본질적으로 복합박자는 아니다. 복합박자는 주로 5박자, 7박자, 11박자, 13박자와 같이 단순박자인 2박자, 3박자, 4박자 중 한 가지로만 쪼개지지 않는 박자들을 말한다. 예를 들어, 5박자는 2박자, 3박자, 4박자 중 어느 하나만으로는 쪼개지지 않고 2박자와 3박자로 분해된다. 그리고 9박자는 세개의 3으로 분해될 수 있기 때문에 복합박자가 아니라 볼 수 있지만, 위에서처럼 4+2+3으로 나눠지는 경우에는 복합박자처럼 들릴 수 있다. 왜냐하면 복합박자의 특징은 다양한 악센트 유형이 서로 얽혀 있는 것에 있기 때문이다. 이 곡을 연주할 때도 역시 4박자, 2박자, 3박자의 악센트 유형을 잘 이해하고 그것을 적극적으로 표현하는 것이 필요하다. 이를 좀 더 자세히 살펴보기 위해 지금까지 했던 것처럼 악센트 유형에 따라 음악을 분해해 보도록 하자.

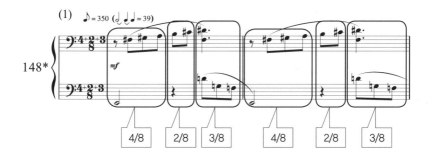

위에 표기된 것처럼 이 곡은 4/8, 2/8, 3/8의 박자가 결합되어 있는
형태의 복합박자에 해당한다. 따라서 연주자는 4박자, 2박자, 3박자의
악센트 유형을 잘 이해하고 이것을 연속적으로 표현할 수 있어야 한
다. 역시 이것은 어떤 면에서 변박자와 같다. 그러나 변화하는 박자들
이 계속 되풀이된다는 측면에서 이것은 변박자와 다르다.

위는 1930년경 브라질 작곡가 빌라-로보스(Heitor Villa-Lobos)가 작
곡한 〈Bachianas Brasilerias No.9〉 중 〈푸가(Fuga)〉의 첫 부분이다. 표
기된 박자는 11/8로서 이 또한 복합박자에 해당한다. 작곡자는 11/8이
5/8과 6/8로 나눠질 수 있다고 악보 앞머리에 표기하고 있다. 하지만
이 책에서는 앞서 했던 것처럼 이 박자를 좀 더 세밀하게 분해해 보고
자 한다.

Fuga

　위에서 살펴볼 수 있듯이 실선 네모 안에 있는 부분은 2/8박자에 해당하고 점선 네모 안에 있는 부분은 3/8박자에 해당한다. 말하자면 이 악보의 첫 번째 마디의 박자를 나타내 보면 2/8+3/8+2/8+2/8+2/8=11/8과 같다. 이것을 분모에 있는 공통된 8을 지우고 그려 보면 2+3+2+2+2=11과 같은 것을 알 수 있다. 만약 여기서 3이라는 악센트 유형을 생략하면 2+2+2+2=8이 되며, 이것은 더 이상 복합적이지도 이상하지도(odd) 않은 박자 혹은 리듬 형태가 되는 것이다. 현대로 가까워질수록 많은 음악 장르에서 이 복합박자는 차용되고 사용되었다.

　지금까지 살펴본 복합박자의 여러 가지 양상을 살펴보면 결국 그것은 주로 2와 3이라는 악센트 유형으로 분해되는 것을 알 수 있었다. 물론 4/4박자 같은 악센트 유형 4도 있었음을 알고 있다. 그러나 만약 4/4박자를 2/4+2/4로 해석할 수 있다면 결국 악센트 유형은 크게 2와 3의 유형으로 나눌 수 있게 되는 것이다. 이것 또한 앞서 이야기한 악센트 유형이 얼마나 리듬의 중요한 요소인지 다시 한번 반증되는 부분이다.

악센트 유형/Accent Pattern 2

악센트 유형/Accent Pattern 3

이것은 이후 4장의 리듬과 악센트 부분에서 좀 더 자세히 다뤄 보도록 하자.

3.3.1.

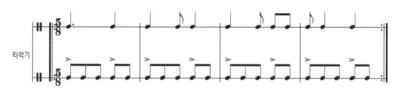

3.3.2.

3.3.3.

3.3.4.

3.3.5.

3.3.6.

3.3.7.

3.3.8.

3.3.9.

3.3.10.

📋 3.4. 변박자(Meter Shift)

다음은 모차르트(Wolfgang Amadeus Mozart)가 5세인 1761년에 작
곡한 피아노 소품의 악보이다. 첫 번째 단은 3/4박자로 시작하여 모차
르트 특유의 천진난만함 속에 유쾌하게 진행된다. 그러다 5마디부터
2/4박자로 바뀌게 되는데 매우 자연스럽게 연결된다.

Einzelstücke aus dem ursprünglichen Bestand
des Notenbuches*)
53.-56.**)

Des Wolfgangerl Compositiones in den
ersten 3 Monaten nach seinem 5ten Jahre.

이렇듯 곡의 중간에서 박자가 바뀌는 것을 변박자(meter shift 혹은
meter change)라고 한다. 작곡 기술적인 측면에서는 meter shifting이
라고 말하는 것도 좋을 것이다. 이러한 현상은 서유럽 음악 역사상 비
교적 초기부터 나타났다고 말할 수 있는데 그만큼 일반적인 성격의 작

곡 기술 혹은 음악 요소라고 할 수 있을 것이다. 연주의 측면에서는 앞서 복합박자에서와 마찬가지로 각각의 박자가 가지고 있는 악센트 유형을 잘 인식하고 적극적으로 표현하는 것이 필요하다. 다시 말해, 박자가 바뀌면 해당하는 악센트 유형도 자연스럽게 혹은 단절적으로 바꿔 주는 것이 필요하다. 언제 자연스럽고 언제 단절적일 것이냐 하는 것은 주어진 음악의 흐름과 작곡가의 의도를 잘 파악해야 할 것이다.

이제 변박자의 또 다른 예를 살펴보도록 하자.

위 곡은 비틀즈가 1967년 발표한 〈Lucy in the Sky with Diamond〉라는 곡의 일부분이다. 보다시피 3/4박자로 진행되던 곡이 갑자기 4/4박자로 바뀌어 진행되는 것을 볼 수 있다. 따라서 당연히 4/4박자에서부터는 4/4박자가 가지고 있는 악센트 유형을 잘 표현해야 한다. 이렇듯 박자를 중간에서 바꾸는 것은 거의 모든 장르의 음악에서 나타나는 하나의 자연스러운 음악적 현상이다. 그러나 이 기술 또한 점점 발전하기 시작한다.

위 악보는 러시아 작곡가 무소르그스키(Modest Mussorgsky)가 1874년
에 발표한 〈전람회의 그림〉의 첫 부분이다. 박자의 구조는 5/4박자와
6/4박자가 교대로 나오는 형태로 되어 있다. 이 박자들의 구조를 앞서
말한대로 2박자와 3박자의 관점에서 분해해 보도록 하자.

위 악보에서 실선 네모는 3박자를 의미하며, 점선 네모는 2박자를
의미한다. 결국 변박자에서도 복합박자와 마찬가지로 2박자와 3박자
로 모두 해석이 가능하다. 따라서 복합박자와 변박자는 서로 연결되는
측면이 있다.

이러한 박자 바꾸기는 점차 발전하여 아래와 같은 극단적인 모습을
가지게 된다. 아래는 스트라빈스키(Igor Stravinsky)가 1913년에 작곡한
〈봄의 제전〉이라는 곡이다. 원곡은 오케스트라이지만 아래는 피아노
편곡 형태이다.

　매우 정교한 리듬 구조를 보여 주는 이 음악의 박자는 3/16에서 2/16로, 다시 3/16에서 2/8로 이어지고 있다. 좀 더 자세히 이 악보를 들여다보면 가장 빠른 음길이는 16분음표인 것을 알 수 있다. 즉, 여기에서는 16분음표가 하나의 단위(unit)가 되는 것이다. 자, 그렇다면 여기서 박자표와 마디줄이 존재하는 이유는 무었일까? 지금까지 언급해 왔던 것처럼 모든 것은 악센트의 문제인 것이다.

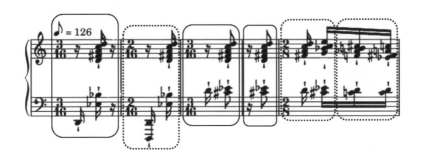

　여기서 실선 네모는 3박자를 의미하고 점선 네모는 2박자를 의미한다. 물론 마지막 마디를 4박자로 해석할 수도 있지만 4박자는 2개의 2박자로 해석하는 것도 큰 의미가 있다. 이제는 위 악보를 리듬만을 강

조하여 다음과 같은 악보로 재해석해 보자. 아래는 위 악보를 리듬만을 부각시켜 재구성한 악보이다.

위 악보를 손바닥을 사용하여 연주해 보자. 이때 주의해야 할 것은 앞서 말한 대로 단위박자가 정확히 지켜질 수 있도록 해야 한다는 것이다. 즉, 16분음표의 음길이(duration)가 정확히 지켜질 수 있도록 해야 한다. 16분음표를 다른 사람이 쳐 주고 거기에 맞추어 연주해 보는 것도 좋다. 또 주의해야 할 것은 주의 박자가 가지고 있는 악센트 유형을 잘 인식하면서 연주하는 것이다. 그러나 개별 박자가 기본적으로 가지고 있는 악센트 유형도 있지만 그 음악이 내용적으로 가지고 있는 악센트도 있다. 따라서 어떤 경우는 그러한 내용적 악센트가 기본 악센트 유형을 역행하는 경우도 있다. 그런 경우는 기본적 악센트 유형을 인식하는 범위 내에서 내용적 악센트를 표현하는 것이 필요하다. 이러한 예를 살펴보자.

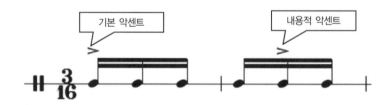

　　위 악보에 표시된 것처럼 왼쪽은 3/16박자가 가지고 있는 기본 악센트이고 오른쪽은 인위적으로 만든 내용적 악센트이다. 이러한 내용적 악센트는 기본적 악센트를 거스르지만 그렇다고 3/16박자 자체가 완전히 흐트러지지는 않는다. 그러나 일시적으로 박자가 바뀐 것 같은 착각이 생길 수도 있다. 결론적으로 〈봄의 제전〉에 나타난 변박자의 리듬은 악센트가 있는 리듬이 보여 줄 수 있는 가장 발전되고 난해한 형태의 리듬을 보여 준다고 할 수 있을 것이다. 연주자들은 이러한 박자와 리듬에 대한 기술과 이론들을 잘 이해하고 익숙해지도록 하는 것이 필요하다.

　　다음은 1969년 비틀즈가 발표한 〈Here Comes the Sun〉이라는 곡이다.

　　위 악보에서 보이는 대로 4/4박자로 진행하다가 3/8박자로 연결되고 다시 4/8박자를 거쳐 4/4박자로 돌아온다. 역시 마찬가지로 4/4박자와 4/8박자에선 2박자 혹은 4박자의 악센트 유형을 염두에 두고 연주해야 하며, 3/8박자에서는 3박자의 악센트 유형을 인식하며 노래할

수 있어야 한다. 이제 점선 네모와 점선 동그라미 부분의 악센트 구조
를 다음과 같이 정리해 보자.

위 악보를 통해 악센트의 위치가 어떻게 이동하고 있는지를 알 수
있게 되는데, 만약 위와 같은 악센트를 염두에 두고 연주에 반영하지
않으면 이러한 변박자의 의미는 사라지고 만다. 문제는 악센트이지 악
보 표기에 있는 것이 아니기 때문이다. 만약 위 부분을 다음과 같은 악
센트 구조로 연주를 하게 된다면 이것은 전혀 다른 음악이 될 수 있다.
위 악보와 다음 악보를 손바닥을 사용하여 연주해 보라.

위 악보는 사실 다음과 같은 형태로 표기하는 것이 더 합리적이다.
마디줄과 박자표는 실상 악센트 구조를 표현하는 것이기 때문이다.

지금까지 변박자의 여러 가지 속성에 대하여 알아보았다. 처음엔 간

단히 박자를 서로 바꾸는 정도에서 시작한 변박자는 점점 발전하여 하나의 새로운 음악적 현상이 될 정도로 발전한다. 작곡자는 변박자의 여러 가지 속성을 잘 이해하여 자신의 작품에 잘 응용하도록 하며, 연주자는 변박자의 여러 측면을 이해하여 보다 살아 있는 연주가 되도록 해야 한다.

리듬 연습

3.4.1.

3.4.2.

3.4.3.

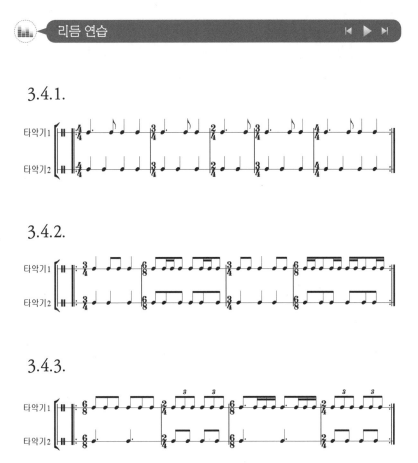

3.4.4.

3.4.5.

3.4.6.

3.4.7.

3.4.8.

📃 3.5. 다중박자와 다중리듬(Poly-meter and Poly-rhythm)

다중박자를 효과적으로 이해하기 위해 다음 악보를 살펴보도록 하자.

위 악보는 1975년 영국 프로그레시브 록 그룹인 레드 제플린(Led Zeppelin)이 발표한 〈캐시미어(Kashmir)〉라는 곡이다. 이 곡을 들으면서 위 악보를 잘 분석해 보면 두 개의 서로 다른 박자가 동시에 나타난

것을 알 수 있다. 먼저 드럼을 자세히 관찰해 보면 4/4박자의 형태로 되어 있는 것을 알 수 있다. 그리고 스트링은 표기된 것처럼 3/4박자의 형태를 가지고 있는 것도 알 수 있다. 이것을 아래와 같이 다시 재구성해 보도록 하자.

물론 드럼의 4/4박자는 2/4박자로 해석될 수도 있을 것이다. 언제나 4박자는 논란의 여지가 있다. 필자의 결론은 이미 이야기한 것처럼 모든 박자 혹은 비트는 2와 3으로 분해할 수 있다는 것이다. 그렇다면 4/4박자는 2/4박자의 연속이라고 보아야 할 것이다. 여튼 위 악보를 들으면서 음악을 다시 들어 보라. 결국 이 음악은 대중음악이면서도 상당히 고난도의 리듬 기술을 사용하고 있다고 보아야 한다. 사실 대중음악과 클래식 혹은 순수음악의 경계가 모호하다. 미술과 같은 다른 예술 장르도 마찬가지이다. 순수미술과 대중미술의 경계는 점점 사라지고 있는 추세이다. 영화 같은 영역은 더 하다. 과연 순수영화가 존재하는지조차 의문이 가는 요즘이다. 순수음악과 대중음악을 나누기 보다는 함께 발전해 나가면서 바람직한 방향을 찾아가는 것이 가장 좋은

일이라고 생각한다. 앞서 3/4박자라고 보았던 스트링 부분은 사실 위
악보처럼 3/8 혹은 6/8박자로 해석하는 것이 더 타당하다고 본다. 일단
음악을 들으며 귀로 확인해 볼 때 그렇고 음악의 내용과 악센트 유형이
3/8 혹은 6/8박자에 더 가까운 것을 알 수 있다. 위에 표기된 악센트 기
호들을 참고하기 바란다. 이렇듯 서로 다른 박자들이 동시에 나타나는
것을 다중박자(poly-meter)라고 한다. 다음은 미국 인디 록 밴드 더 내
셔널(The National)이 2008년에 발표한 ⟨Fake Empire⟩의 피아노 반주
부분이다.

위 악보에서 오른손 부분을 보면 마치 4/4박자의 리듬이 펼쳐지고
있는 것을 볼 수 있다. 그러나 왼손 부분은 3/4박자이다. 이렇듯 서로
다른 악센트 유형이 동시에 만나는 것을 다중박자라고 함을 우리는 알
고 있다. 이것은 먼저 언급한 레드 제플린의 예시와는 다르게 서로 다
른 악센트 유형이 같은 길이의 한 마디 안에서 나타난다는 것이다. 원
한다면 위 악보를 아래와 같이 재구성할 수도 있다. 포인트는 서로 다
른 악센트 유형을 가진 박자 혹인 리듬이 동시에 한 마디 안에서 나타
난다는 것이다. 아래 악보를 위 악보와 잘 비교하면서 관찰해 보기 바
란다. 이러한 것을 다중박자 혹은 다중리듬(poly-rhythm)이라고 한다.

다음은 3/4박자와 6/8박자의 다중박자 혹은 다중리듬을 보여 주는, 라벨이 1931년에 작곡한 〈피아노 협주곡 G장조〉의 2악장이다. 표면적으로는 3/4박자로 되어 있지만, 이 음악을 자세히 들여다보면 왼손은 6/8박자로 되어 있는 것을 볼 수 있다. 그러나 오른손은 완벽하게 3/4박자의 악센트 유형을 유지하고 있다. 결국 이 음악은 6/8박자와 3/4박자가 동시에 나타나는 다중박자를 보여 주는 적절한 예시라고 할 수 있을 것이다.

이제 이와 같은 관점에서 위 음악의 악보를 다중박자로 재구성해 보자. 위의 악보와 아래 악보는 피치와 리듬에 있어서 완벽히 같은 것이지만 아래는 3/4박자와 6/8박자를 동시에 분명히 보여 주는 방식으로 재구성했다. 이러한 다중박자는 음악에 보다 흥미로움을 더하며 아름다운 긴장감을 부여한다. 멋지고 우아한 시도가 아닐 수 없다.

　　다음은 다중리듬의 끝이라고 말할 수 있는 작곡가 리게티(Ligeti)가 1968년에 작곡한 〈현악사중주 2번〉이다. 먼저 주어진 악보를 자세히 관찰해 보자. 물론 인터넷을 이용하여 음악도 들어 보자. 복잡해 보이는 이 악보도 사실은 매우 간단하다. 4/4박자인 이 곡은 결국 단위박자인 4분음표를 어떻게 분할하느냐에 달려 있다. 말하자면 4분음표를 4등분 하는 것, 5등분하는 것, 6등분, 7등분 그리고 8등분하는 것에 이르기까 지 다양한 리듬이 동시에 나타나서 주어진 4분음표라는 음길이를 촘촘 히 채우고 있는 것이다. 이것은 다중리듬의 궁극을 보여 주는 것으로서 다중리듬을 넘어 리듬 클러스터(rhythm cluster)로 진입하고 있다.

　　이와 같은 맥락에서 주어진 4분음표가 어떻게 분할되어 있는지를 다음과 같이 숫자를 활용하여 표현해 보자.

    언급한 것처럼 4분음표의 음길이가 4등분에서부터 8등분까지 분할 되어 나타나는 형태를 보여 준다. 첫 마디에서는 6, 7, 8등분이 나타나고 다음 마디에서는 5, 6, 7, 8등분, 그리고 마지막 마디에서는 4, 5, 6, 7, 8등분이 나타나는 것이 특징이다. 즉, 다중리듬이 점점 심화되는 구조라는 것이다. 그리고 또 하나의 특징은 분할하는 수가 절대 연속적으로 도약하지 않는다는 것이다. 만약 7등분이 나타났으면 다음 등분은 반드시 6등분이거나 8등분이다. 절대 5등분이나 9등분으로 연결되지 않는다. 이는 매우 연속적으로 리듬이 요동치는 것을 표현하기 위함이라고 생각한다. 여기서는 다중리듬의 측면도 살펴볼 수 있지만 앞서 말한 리듬의 분할성(divisiblity)도 생각나게 하는 상황이 아닐 수 없다.

리듬 연습

3.5.1.

3.5.2.

3.5.3.

3.5.4.

3.5.5.

3.5.6.

건반악기

3.5.7.

선율악기

Piano

3.5.8.

선율악기

Piano

3.5.9.

선율악기

Piano

3.5.10.

3.5.11.

3.5.12.

4장 박자와 리듬 그리고 악센트

지금까지 우리는 박자를 통해서 리듬에 조금 더 다가가 보는 시도를 했다. 결론적으로 박자는 고유한 악센트 유형임을 알게 되었는데, 이미 언급했듯이 사실 어떤 특정한 악센트 유형이 바로 리듬의 가장 중요한 본질 중의 하나이다. 따라서 박자는 리듬의 또 다른 이름이라고도 할 수 있겠다. 결국 리듬에 특성을 부여하는 하나의 요소는 악센트 유형(accent pattern)인 것이다. 지금까지는 주로 그러한 악센트 유형이 박자를 통해서 표현되어 왔지만 다음에 볼 악보에서는 박자표와 마디가 그리 중요한 것이 아니다. 결국 박자표와 마디줄에서 리듬을 해방시키는 것인데 이는 다음 음악에서 극명하게 나타난다.

이것은 스트라빈스키가 1913년 작곡한 발레 음악 〈봄의 제전〉에서의 한 부분이다. 표면적으로는 2/4박자로 표기되어 있지만 이 음악은 2/4박자와 아무런 관계가 없다. 오히려 주어진 악센트 표시가 그때그때의 박자를 결정하고 있다. 위쪽에 위치한 호른의 역할 역시 스트링에 주어진 악센트를 보강하는 것일 뿐이다. 이를 좀 더 명확히 하기 위해 위 악보에서 주어진 리듬만을 다음과 같이 재구성해 보자.

결국 위 음악은 변박자(meter shift)와 같은 효과를 가진 리듬 현상이었던 것을 알 수 있다. 그러나 이 부분을 연주하기 위해서는 표기된 악센트 외에는 중립적인 악센트 강도를 유지하는 것이 필요하다. 그것이 작곡자의 의도이기 때문이다.

　위 악보는 이러한 리듬의 악센트와의 밀접한 관계성을 잘 증명해 준
다. 이 곡은 작곡가 리게티(Ligeti)가 1985년경 작곡한 〈Etude〉 1번 곡
의 첫 머리이다. 여기 표시되어 있는 악센트를 따라가 보면 마치 3/8박
자, 5/8박자, 3/8박자, 5/8박자, 3/8박자, 7/8박자가 연이어 나타나는
것과 같다. 이는 앞서 살펴본 변박자의 모습이라 할 수 있다. 그래서인
지 아예 박자 표시는 첫 마디에 붙어 있지도 않다. 결국 박자는 악센트
유형에 지나지 않는다는 것을 여실히 보여 주며, 앞서 살펴보았던 스
트라빈스키의 〈봄의 제전〉과 마찬가지로 악센트를 박자표와 마디로
부터 해방시킨 것이다. 여기서 박자표는 편의적으로 주어져 있고 그나
마 후반부에서 박자표가 오른손과 왼손에서 서로 갈라지는 것을 볼 수
있다.
　리듬이 악센트 유형인 것을 매우 효과적으로 보여 주고 있으며, 리
듬의 음길이적인 측면에서는 이 음악에 있어서 8분음표가 기본 음길
이로 형성되어 있음을 알 수 있다.

4.1.

4.2.

4.3.

4.4.

4.5.

4.6.

4.7.

4.8.

4.9.

4.10.

4.11.

4.12.

리듬과 음길이

이미 언급했듯이 리듬의 매우 중요한 요소 중 하나는 음길이(duration)이다. 다음 리듬을 한번 관찰해 보자.

위 곡은 재즈 스탠다드 중 하나로 허비 행콕(Herbie Hancock)이 1965년에 발표한 〈처녀항해(Maiden Voyge)〉라는 곡이다. 왼손 부분을 보면 반복되는 이 곡 특유의 리듬이 제시되는데, 이것을 좀 더 리듬이 명확하게 드러나도록 아래와 같이 표시해 보자.

이 리듬은 물론 이 곡의 중심이 되는 리듬은 아니다. 단지 베이스와 건반악기의 중심이 되는 리듬이다. 이 리듬의 음길이를 다음과 같이 숫자로 표현해 보자.

여기서 1은 단위 음길이로서 8분음표를 말한다. 따라서 예를 들어 6은 8분음표 6개의 길이를 의미한다. 결국 이 리듬의 음길이적 성질 (durational property)은 (2 3 6 2 1 1 1)이다. 특정한 리듬은 특정한 음길이의 조합이 될 것이다. 그런데 위 리듬을 아래와 같이 재구성해 보면 리듬의 다른 특성을 알 수 있다.

위 악보를 연주해 보면 음길이에서는 차이가 나지만 여전히 같은 리듬처럼 들린다. 이것은 바로 소리의 시점 때문인데 이 시점을 이미 언급한 것처럼 time point라고 한다. 결국 리듬에 있어서 음길이보다 시점이 더 중요하다는 것을 알 수 있다. 다시 말하면, 음길이를 바꾸는 것보다 시점을 바꾸면 리듬은 전혀 다른 것이 된다. 그러나 음길이와

시점은 서로 연결되어 있다.

이제 음길이가 리듬에 미치는 영향에 대해서 많은 것을 배울 수 있는 하나의 예를 살펴보자. 아래는 1941년 올리비에 메시앙(Olivier Messiaen)이 작곡한 〈세상 종말을 위한 4중주〉이다. 메시앙의 다양한 작곡 기법이 나타나는 이 음악에는 그의 대표적인 리듬 어법이 등장한다. '첨가리듬'이라고 불리는 이 방법은 특히 음길이와 관계되어 있다.

6. Danse de la fureur, pour les sept trompettes

위 악보는 모든 악기가 유니즌을 하는 형태로 되어 있는데, 특히 리듬에 집중해야 한다. 우선 마디줄이 표기되어 있긴 하지만 일반적인 박자로 표기하기가 쉽지 않다. 굳이 말하자면 17/16박자라고 할 수 있지만 일반적인 9/8박자의 악센트 유형이 전혀 나타나지 않는다. 이 곡

의 리듬을 좀 더 자세히 관찰하기 위해 다음과 같이 리듬만을 강조하
여 재구성해 보자.

위 악보에서 +로 표기된 부분이 바로 '첨가리듬'에 해당하는 것인
데, 이것은 일반적인 리듬 유형에 첨가된 리듬이다. 이것을 좀 더 명확
히 이해하기 위해 첨가 가치를 생략하고 악보를 재구성해 보자.

+로 표기된 첨가리듬을 생략하자 매우 일반적인 4/4박자의 리듬이
나타난다. 이렇듯 첨가된 음길이가 전체 리듬에 주는 영향은 매우 크
다고 할 수 있다.

5.1.

5.2.

5.3.

5.4.

5.5.

5.6.

5.7.

5.8.

🗩 6.1. 반복리듬

반복리듬은 어떤 특정한 리듬 패턴이 반복되어 나타나는 형태를 말한다. 몇 가지 예를 살펴보도록 하자.

위 음악은 베토벤이 1795년에 작곡한 피아노 소나타 1번의 한 부분이다. 왼손 부분을 보면 계속해서 나타나는 리듬 유형을 살펴볼 수 있다. 사실 왼손 부분은 계속해서 나타나는 8분음표이기 때문에 특정한 리듬 패턴이라 보기 힘들 수도 있다. 그렇다면 오른손 부분을 관찰해

보자. 오른손에서는 분명히 특정한 리듬 유형이 반복되면서 나타나는 것을 볼 수 있다. 이것이 반복리듬의 한 형태라고 말할 수 있을 것이다. 오른손 부분에서 특별히 반복되는 리듬 유형들에 동그라미와 네모로 표시를 해 보았다.

이러한 반복적인 리듬들은 우리가 듣는 음악들에 매우 광범위하게 펼쳐져 있다. 그러나 이후에 설명하게 될 통용리듬과는 조금 차이가 있다. 통용리듬도 역시 반복적인 리듬이지만 그 리듬 자체가 하나의 정형이 되어 광범위하게 알려져 있고 활용된다는 것이다. 이제 또 다른 반복적 리듬을 살펴보자.

위 악보는 드뷔시가 1891년 작곡한 〈아라베스크〉라는 피아노 곡이다. 이 곡의 오른손 부분을 보면 동일한 리듬이 연속적으로 나타난다. 이렇듯 리듬은 계속해서 반복되는 형태를 가지는 반복리듬이 존재한다.

☰ 6.2. 불규칙 리듬

사실 리듬의 세계에 반복성이 없는 리듬은 별로 존재하지 않는다. 완전히 예측 불가능하며 연속적으로 새로운 리듬이 반복성 없이 나타나는 것은 매우 드물다. 그러나 20세기에 들어오면서 반복하지 않는 리듬에 대한 몇몇 작곡가의 탐구가 있었다. 다음 예를 살펴보자.

위 곡은 이탈리아 현대음악 작곡가 루치아노 베리오(Luciano Berio)가 1984년 작곡한 〈시퀜차(Sequenza)〉라는 트럼펫 솔로 곡이다. 이 악보를 유심히 관찰하고 또 음악을 들어 보면 반복되는 리듬이 거의 발견되지 않는다. 이렇듯 계속해서 변하는 리듬이 20세기의 현대음악 흐름 중 하나였다.

이것은 1980년대에 만들어진 대금 산조 중 한 대목이다. 이러한 즉흥 연주에도 반복되는 리듬보다는 불규칙적인 리듬이 두드러진다. 즉흥 음악은 실시간으로 음악이 만들어지기 때문에 아무래도 반복적이고 의도적인 리듬 유형보다는 충동적이고 불규칙적인 리듬이 지배적일 수 있다.

🗨 6.3. 통용리듬

통용리듬은 그 특정 리듬 유형이 개성이 강하고 독특하여 광범위하게 사회적으로 인정되어 널리 쓰이게 되는 것을 말한다. 대표적인 것이 **왈츠**(waltz)와 같은 춤곡의 리듬들인데, 다음은 바로 그 왈츠의 리듬이다.

위 음악은 쇼팽이 1847년에 작곡한 왈츠이다. 특히 왼손 악보를 자세히 보면 계속되는 리듬 유형을 볼 수 있다. 이 리듬 유형은 너무나 단순하여 3/4박자의 악센트 유형 자체를 의미한다고도 할 수 있다. 이러한 리듬 유형은 모든 왈츠에서 나타난다고 할 수 있는데 또 다른 왈

츠 곡을 살펴보자.

위 곡은 〈Someday My Prince Will Come〉이라는 재즈 스탠다드 중 하나이다. 이 곡 역시 왈츠의 리듬 유형을 가지고 있기 때문에 재즈 왈츠라고 불리기도 한다.

다음은 **보사노바**(bossa nova)라고 불리는 통용리듬이다.

위 악보는 대중음악에 쓰이는 드럼셋의 악보인데, 이미 언급한 대로 맨 위에 있는 것이 하이햇 심벌의 부분이며, 가운데 있는 것이 스네어 드럼, 맨 아래에 있는 것이 베이스 드럼이다. 3개의 서로 다른 악기의 각각 다른 리듬 유형들이 동시에 만나서 보사노바라는 독특한 통용리듬을 구성한다. 위에 나타난 3개의 리듬 유형을 다음과 같이 분리시켜 보자.

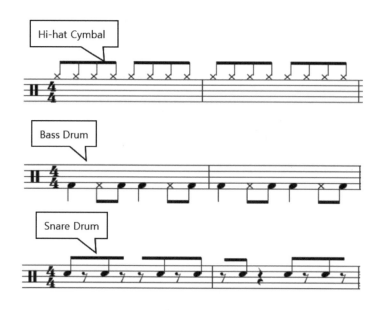

위 악보는 〈Girl From Ipanema〉라는 보사노바 곡을 피아노 솔로
로 표현한 곡의 악보이다. 물론 연주하여 소리를 들어 보면 보사노바
의 느낌을 즉각적으로 느낄 수 있지만, 어떤 이유에서 이 곡에 보사노
바 리듬이 반영되었는지 생각해 보도록 하자. 먼저 점선의 네모 속에
들어가 있는 왼손의 베이스 음들의 리듬을 자세히 보면 앞서 살펴보았
던 보사노바 리듬 중 베이스 드럼의 리듬 유형이 상당히 반영되어 있

는 것을 알 수 있다. 그리고 실선 네모 속에 있는 오른손의 리듬은 앞
서 살펴본 스네어 드럼의 리듬 유형과 매우 유사하다. 이를 좀 더 자세
히 비교해 보기 위해 위 피아노 곡을 아래와 같이 리듬만으로 재구성
해 보자. 물론 오른손과 왼손은 분리를 해 보도록 한다.

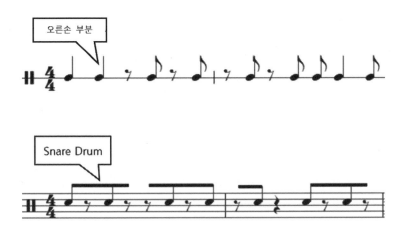

위 2개의 악보를 서로 비교해 보기 바란다. 서로의 유사성이 관찰되
는가? 결국 피아노의 오른손 음형에는 보사노바 리듬의 스네어 드럼
리듬 유형이 사용되었음을 알 수 있다. 다음은 왼손 부분과 베이스 드
럼의 리듬 유형을 비교해 보자.

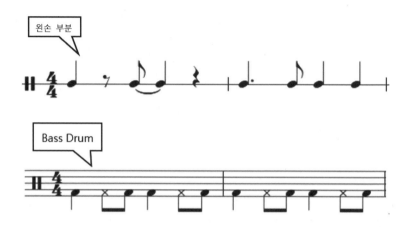

위 두 악보를 비교해 보면 서로 매우 유사한 것을 쉽게 알 수 있다. 언급한 대로 피아노의 왼손 부분에는 보사노바 리듬의 베이스 드럼 파트가 사용된 것을 알 수 있다. 이러한 하나의 정형으로 굳어져서 광범위하게 사용되는 리듬을 통용리듬이라고 한다.

6.4. 고전음악의 리듬

고전음악(classic music)에서 사용되는 리듬을 살펴보기 전에 고전음악이 무엇인지 잠깐 생각해 보자. 고전음악이란 말은 간단하게 설명하면 좁게는 고전음악 시대, 바흐로부터 베토벤의 시대까지를 말한다고 해도 과언이 아니다. 왜냐하면 바흐 이전의 음악을 전고전 시대 혹은 바로크 시대라고도 하고, 베토벤 이후의 시대를 낭만주의 음악 시대라고 하기때문이다. 시기적으로 보면 대략 17세기에서 18세기까지를 말한다고 볼 수 있다. 장소적으로 보면 서유럽 지역, 즉 독일, 이탈리아, 프랑스, 영국 등지에서 작곡되고 연주되었던 음악들을 말한다. 당시는 당연히 대중음악이라는 현상은 아직 광범위하게 나타나지 않고 있었다. 가장 대표적인 고전음악 작곡가들은 하이든, 모차르트, 베토벤이다. 연주에 사용되는 악기들은 피아노, 바이올린, 비올라, 첼로, 플루트, 오보에, 트럼펫, 호른, 팀파니와 같은 오케스트라에 사용되는 악기들이며, 가장 중심이 되는 악기 편성은 현악 4중주(string quartet)이다. 오늘날에 보는 것과 같은 오케스트라가 거의 완성되었으며, 음악 형식에 있어서는 소나타, 교향곡과 같은 절대음악이 발전하였던 시대이다. 넓은 의미로 고전음악은 흔히 대중음악의 반대적인 개념으로 사용될 때가 많다. 따라서 바로크 시대나 낭만음악 시대뿐 아니라 인상주의 음악이나 20세기와 21세기의 전위음악까지도 포함한다. 뿐만 아니라 영화음악의 일부도 고전음악적인 것으로 해석될 수도 있다.

　고전음악에서 사용되는 리듬은 앞서 살펴본 통용리듬보다는 작곡가 자신이 만들어 내는 리듬이 지배적이다. 이러한 리듬을 주제적 리듬(thematic rhythm)이라고 할 수 있는데, 이것은 어떤 곡을 지배하는 하나의 주제(theme)에서 파생되는 것이다.

위 악보는 베토벤이 1808년경에 발표한 교향곡 5번이다. 이 곡을 잘
관찰해 보면 매우 뚜렷한 리듬 유형이 하나 관찰된다. 이를 정리해서
그려 보면 다음과 같다.

이 리듬은 단순한 하나의 리듬 유형이 아니라 곡 전체에서 계속해서
나타나는 주제적 리듬이다.

부록

1. 일반적 리듬 훈련 1

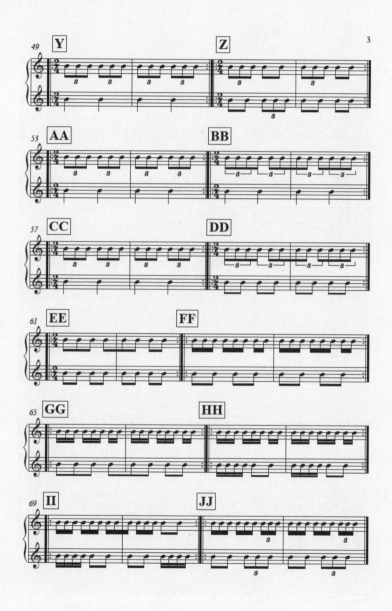

2. 일반적 리듬 훈련 2

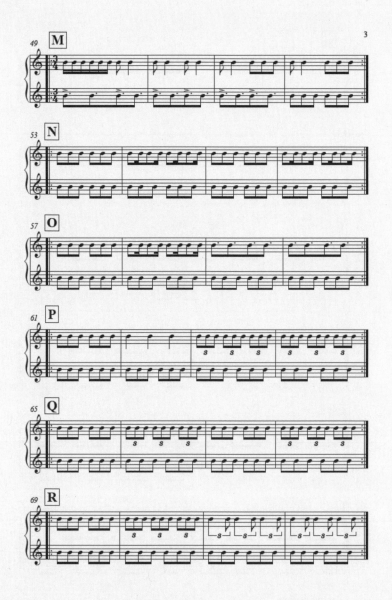

3. 스윙리듬 훈련

저 자 소 개

황성곤(Hwang Sung Gon)

서울대학교 작곡 학사 · 석사

미국 뉴잉글랜드음악원 재즈 석사

미국 보스턴대학교 작곡 박사

현 배재대학교 실용음악과 교수

    재즈피아니스트

    영화음악 작곡가

대한민국작곡상 수상

뮤지컬 오페라 〈윤동주〉 일본 · 미국 공연

저서

재즈 음계와 화성(현대문화, 2018)

획기적인 리듬 연구와 연습
Innovative rhythm study and practice

2023년 1월 10일 1판 1쇄 인쇄
2023년 1월 15일 1판 1쇄 발행

지은이 • 황성곤
펴낸이 • 김진환
펴낸곳 • ㈜ **학지사**
　　　　　04031 서울특별시 마포구 양화로 15길 20 마인드월드빌딩
대표전화 • 02-330-5114　　팩스 • 02-324-2345
등록번호 • 제313-2006-000265호

홈페이지 • http://www.hakjisa.co.kr
페이스북 • https://www.facebook.com/hakjisabook

ISBN 978-89-997-2813-6 93370

정가 13,000원

출판미디어기업 **학지사**
간호보건의학출판 **학지사메디컬** www.hakjisamd.co.kr
심리검사연구소 **인싸이트** www.inpsyt.co.kr
학술논문서비스 **뉴논문** www.newnonmun.com
교육연수원 **카운피아** www.counpia.com